陈式太极

核心技击13式

CHENSHI TAIJI HEXIN JIJI SHISANSHI

程克锦 编著

山西科学技术出版社

序言

中华武术技击传奇——陈式太极拳

中国武术源自于人的技击自卫术，自其诞生之日起，技击功能就一直是它的主要功能，直到冷兵器时代结束，历朝历代都不乏以技击作为生存手段的人。从春秋战国时代的游侠剑客，至唐宋明清各朝代战场争雄的名将，直到近代保镖护院的镖师教头，技击才能都是其个人价值的主要体现。而且，不仅在中国，世界其他国家的武术，如拳击、角力、击剑、柔道、泰拳、自由搏击、剑道、合气道、桑博等，也都是以技击为最主要功能。

当然，随着火器时代的来临，武术的技击功能在弱化，而健身、养生、娱乐等功能更受社会大众追捧，这也是目前社会发展的必然结果。但在任何时候，技击才是武术的主导功能，凡是不以技击功能为主旨的功法，都不能称为武术，如八段锦、五禽戏等功法，其肢体运动不是以技击攻防为主旨，而是以健身养生为目的，这种功法就只能属于健身功法，不是武术，而对于以技击攻防为主旨，且附带有健身功能的，如太极拳，则仍属于武术范畴。

陈式太极属于武术的一种，从陈王廷创拳之日起，陈式太极就名家辈出，陈王廷、陈长兴、陈清萍、陈鑫、陈发科等都是一代宗师，技击水平也非常高。因他们很少与人交手，外界对他们的技击实力总有怀疑。但我们知道，陈长兴的嫡传弟子杨露禅，在创立杨式太极拳之前，曾经“打遍京城无敌手”，号称“杨无敌”，其所使用拳法即是陈式太极拳。虽然不能说师父一定比徒弟高明，但能教出这样的徒弟，师父总不会太差。

陈长兴之孙陈发科，则是实实在在凭借技击水平享誉国内拳坛的一代宗师。他20岁时曾在大军阀韩复榘军营中赤手空拳连续击败数名武术教官。1928年，他又在京西立擂17天未逢敌手，名震京都，誉满武林，人颂“太极一人”。

陈式太极名家留下的一些技击著作也是影响深远，像陈王廷的《拳经总歌》和陈鑫的《用武要言》不仅是太极拳界的技击名著，在整个武术界也有着广泛的影响。

陈式太极拳作为一种传统的太极拳种，在技击上别具一格，特点鲜明。与拳术、武功、搏击方法不同，陈式太极的技击是以自然（松）、沉着（静）、柔韧（刚柔相济）为核心，在交手中始终保持自己的重心，而以破坏对手的平衡为重点。这就是所谓的“以静制动”“后发制人”“四两拨千斤”。

太极拳作为一种世界上独有的融健身与技击于一体，汇养生与拳理为一身的武术，其健身和养生功能更将技击引领至全新的境界，而这也正是太极拳的独特魅力所在。

目录

第一章

第二章

第三章

第一章

长江大海势不绝

——陈式太极的技击

一、技击——陈式太极的攻防精粹

武术起源于人与人、人与猛兽之间的格斗，自武术诞生起，技击就一直是它的灵魂。太极拳作为武术的一种，在这一点上也毫不例外。为当代武术史家公认的太极拳创始人——明末的陈王廷，其创编太极拳的最初目的，就完全是为了技击。

陈王廷创编太极拳，吸取了当时各家拳术之长，而吸取最多的则是明代名将戚继光从十六家拳法中弃粗取精、总结而成的《拳经》，《拳经》三十二势中有二十九势被陈式太极吸收。而戚继光作为一名杰出的将领，他所编的《拳经》自然主要是用于指导士兵在战场争雄，技击目标先于其他，而陈式太极大量吸收《拳经》之长，当然也直接承继了《拳经》对技击特性的强调。陈式太极从其他各派吸收的“散手”“短打”“擒拿法”（金刚十八拿法）等等，也同样是吸收了这些拳术的技击特性。

陈王廷的《拳经总歌》一向被视为太极拳的拳理之本。《拳经总歌》共22句，除最后两句外，其余都在讲技击，完全可以称得上是对古代技击术（跌、打、拿、踢）的一次总结，也是对技击和防御的战略和战术的系统论述。而陈王廷为创编太极拳引入的太极哲学和经络体系，其实也主要是为技击目的服务的，只不过，太极哲学包含的“柔能胜刚”“四两拨千斤”等哲理不是普通的拳理，而是一种更高层次的拳理，因此其技击特性很容易被一般人所忽视。但就陈王廷而言，他引入这些理论，其本意是为了创造一种技击功能更强的拳术。而从太极拳最早被称作“长拳”“十三势”或“绵拳”，都可以看出太极理论的被引入，在一开始是有偶然性的。在陈王廷的那个时代，健身并不是习练武术的主要目的，也很难有人会想着要去创造一种被后世特别看重的“哲学拳术”。

后世一般公认陈王廷在太极拳上的主要贡献有以下五个方面：

①把武术和“导引”“吐纳”相结合；

②总结了符合经络学说的“螺旋式的缠丝运动”；

③创造了双人推手的竞技运动；

④创造了粘随不脱、蓄发相间的刺枪术基本练法；

⑤发展了以太极含义为依据的拳法理论。

这其中，前四个方面都与技击有关，而第三、四方面更完全是为了技击目的而创造的。

可以说，太极拳自诞生起，就是一种以技击为主要目的的拳术，健身只是其附带之功能。

自陈王廷后，陈式太极拳虽经多次演变，但其以技击为主要目的的特点一直未改。直到陈长兴传杨露禅，再到杨露禅在京师授拳而突出太极拳的健身功能，这才是后世太极拳重点向健身功能方向发展的一个“拐点”。但是，陈式太极受此的影响其实是比较小的，其技击特性直到陈发科时仍有大半保留。而杨露禅在一开始最注重的也是太极拳的技击功能，否则他也不会因打遍京师无敌手而有“杨无敌”之名了。

就现有的陈、杨、吴、武、孙等各式太极流派而言，陈式仍是最注重技击功能的太极流派，其原因有二：一个就是前面已提到的，陈式太极自陈长兴直到陈发科，一直处于一个相对封闭的状态，与外界交流很少，其拳术演变受外界的影响也较小，仍一直把技击功能视为拳术的主要目的；二是陈式太极作为各派太极的源头，在进入现代社会以后，仍对保存本派的传统有自觉性，其技击特性也一直得以保留。当然，这不是说陈式太极就没有保健功能了，实际上，陈式太极新架、赵堡架等等就是为了适应练习者对保健功能的追求而发展起来的。

在目前保留下来的陈式太极一路、二路和太极推手之中，二路就保留了较多的发劲动作，特别强调蹿蹦跳跃和腾挪闪战，速度很快，明显不同于主要从一路发展而来的其他各派太极。至于太极推手，其最初出现，就是陈王廷鉴于普通技击对练容易给练习者造成伤害而影响正常练习才创造出来的。陈王廷的推手手法，综合了擒法、拿法、跌法和掷打法等，其技击特性十分明显，实际对练时也能让人感到创痛。尽管此后新出现的推手方法，为了适应普通练习者的要求，着重发展了练习皮肤触觉和内体感觉灵敏的沾连粘随，并将乘势借力的一面发挥到极致，也可以在不造成创痛的情况下分出胜负，但技击性较强的推手也仍然在部分年轻力壮者中得到保留。

陈式太极名家陈照奎曾指出，“虽然陈式太极的内涵很丰富，有独特的养生价值、文化价值等，但阴阳互济的技击功能仍是陈式太极的灵魂。抽掉陈式太极的技击含义，就失掉了陈式太极的“真”；不讲技击的陈式太极套路，不是完整的套路；不讲实战用法的陈式太极传人，也不可能是合格的传人；不清楚陈式太极的技击含义、不知力点所在，更永远打不出陈式太极应有的气势和神韵。”

当然，太极拳尤其是陈式太极的技击法，与其他武术仍是有较大区别的。一般武术把攻与防区别来讲，攻则踢、打、摔、拿，防则格挡、躲闪等，而陈式太极则把攻与防、化与打、引与进包含在一个螺旋式的动作之中，从而攻中有防、化中有打、引中有进、阴阳相济。而像顺逆缠丝、螺旋进击、松活抖弹等等，也都是陈式太极拳中的独有技击法，也是最能体现陈式太极精髓的地方，值得好好学习。

太极拳有技击、健身、养生、竞技、表演等不同功能，练习者完全可以根据自己的个人情况，侧重练习其中一个方面，但不论如何选择，对太极拳的技击特点都不能忽视，否则就容易成为无源之水，也很难练好其他功法。

二、意力相融、势不可挡——从四大要素看陈式太极的技击

陈式太极是一种武术，因而陈式太极的对抗也是一种武术的对抗，在本质上它也要遵循武术技击的一般规律。武术技击是一种通过双方的攻防进退、闪展腾挪，并配合高低起伏的身法、手法、腿法与摔法而形成的对抗运动。武术技击中，力量、速度、技巧、精神意识构成了对抗的基本要素，这才是武术的本来面目，陈式太极的技击也同样如此。

第一要素：力量

力量，在武术运动中是个综合的概念，是练功者绝对力、耐力、意志力的综合体现。陈式太极拳的技击也同样要具备这一基本要素。近年来，由于太极拳倾向于养生保健，大部分练家都已很少像过去拳手那样真打实作，即使有一定太极技击功底的人，也不轻易将技击之术示人，而人们对太极功夫的了解，多限于古老传说和武打小说、影视上的艺术夸张，致使广大太极拳爱好者对太极技击术始终感到很神秘。实际上，太极技击并非如小说中写得那样玄奥，那样无所不能。真正的太极功夫是真实的对抗，来不得半点虚假。若搞玄虚的一套，必然碰得头破血流。

那么，人们为什么对太极技击尚存神秘感呢？这和人们对太极拳理论的片面理解有关。一提起用力，有些人就会振振有词地指责：太极拳是用意不用力的，用力就不是太极拳。在他们看来，用力是大逆不道的，对方朝我打来，我顺势打飞他才是太极技击的味道，否则就是外家拳的打法。可是世界上真有意念一动即可使对方腾空而出的武术吗？技击中电闪雷鸣，拳脚相加，容得不用力而取胜吗？

既然要用力量，那么《太极拳论》中为什么提出“用意不用力”呢？其实，太极拳强调这一点是为了长力。已故太极名家洪均生先生曾指出：“应当把‘意’理解为合乎拳理拳法的一种思维活动，是一种‘理想’，而非空洞的‘幻想’”，“应当承认，力是第一个应当具备的条件。”

很多人在初学推手时，由于对用意不用力的误解，只是轻轻地跟随对方，不敢用力，导致对方一转身自己便站立不稳。于是，有人就认为对方的力量太大了，有悖于太极拳用意不用力的技击原则。其实，对方转身用的是挤劲，练习者站不稳就是缺少内劲与之对抗。太极内劲练上身得需三年时

间，没有内劲就不能化走对方的劲，就不能避实击虚。练功人的劲、力绝非常人的用力方法，它是意识支配下按太极拳的运动规律，通过气息吐纳和肌肉伸缩产生的一种能量。此劲具有传递迅速、变换灵活、随意性大等特点。太极拳的用意，用的是合乎拳理规矩的意，并非只讲意而不讲用力，那种单纯求意、不敢用力的认识，是不符合武术技击对抗规律的。

第二要素：速度

速度，在武术技击中比力量更为重要，它与力量成正比，速度快，力量也会大。它包含出拳、出腿的速度和攻防转换的速度等。正如《用武要言》所载："心如火药手如弹，灵机一动鸟难飞，身似弓弦手似箭，弦响鸟落显神奇。起手如闪电，电闪不及合眸；击敌如速雷，雷发不及掩耳。"可见陈式太极技击是十分重视速度的。由于陈式太极行功中动作轻缓，给人以只能慢不能快的错觉，而陈式太极闪电般速度的产生恰恰是在轻缓的慢练中求得的。只有慢练，才便于用头脑细心体会、分析、领会要领，强化心理意识训练，增强内力，也便于熟习劲路及变化，使量的积累达到质的飞跃。慢练中，耳听身后、眼神兼顾左右是练神；周身虚灵，"一羽不能加，蝇虫不能落"，是修炼周身的灵活性。这些机能综合一起，浑身如同泄洪闸门的开关，只要碰上它，周身之力便会像洪水一样奔腾咆哮着向你扑来，其速其势，锐不可当。正如陈鑫所言："挨着何处何处击，我也不知玄又玄。"这种打人的速度连自己都莫明其妙。但太极拳这种快猛并不是毫无变化地进击，而是因敌变化，无孔不入，一旦得机得势，便突然起动，使对方措手不及，惊慌失措。所以，太极拳技击，不但要有先发制人的机智，更要具备后发制人的敏捷。要达到制人而不制于人，就必须意速神玄，有备在先，速战速决，而不失制胜之本。

第三要素：技巧

武术技击的技巧丰富多彩，内涵深广，集中体现了技击的特点与精髓。如用招用力方法、用力速度，都是技巧范畴。技巧贯穿于技击中的闪、展、腾、挪、踢、打、摔、拿等招式之中。太极拳技击中尤其重视技巧的运用，如"四两拨千斤"之妙，如果没有技巧，是怎么也拨不动的。这就是陈式太极特有的化劲、发劲技巧，这种化发技巧是通过陈式太极特有的"圆"运动、螺旋运动来实现的。在整个立体太极圆中包含了化打结合的技巧，无论对方向我身体哪个部位打来，我必须在保持自身平衡的前提下接其劲路，阻止对方改变我太极体的状态，使其劲力仅仅作用于太极体表层，而不能伤内。太极体是立体的圆，"无凸凹处"；同时又是运动的圆，对方的力如同碰上飞转的车轮，打来的力越大，自损越严重。圆运动是陈式太极技击中技巧运用的核心，掌握这种螺旋运动的规律，就等于找到了使用技巧的金钥匙。一切技巧尽在圆的无穷变化之中。如果肩、臂、肘、手被对方控制，就可以通过圆转走化控制或打击对方，以其人之道还治其人之身。当然，陈式太极技击技巧的运用还需要巧妙用劲，迟速得当，只要认真实践，不断探索，定能创造出更完美的技巧来。

第四要素：精神

精神是人的思维、心理变化、意志的综合体现。训练有素的技击家就是猝然遇敌，也不会惊慌失措、无所适从，而是灵活多变、泰然自若、克敌制胜。陈式太极技击同样要求拳手进行精神意志的修炼，日常技击训练中要树立大敌当前与敌争生死的英雄气概，内固精神，外示安逸。“彼不动，我不动；彼欲动，我先动”，后发先至，“手起足落，足落手起，心要占先，意要胜人，身要攻人，步要过人，势要欺人，神要逼人，艺要压人，快刀斩乱麻，头撞牙咬，肘打膝顶，拳打脚踢，全线出击，决不留情”。正如拳谚云：“不胜必因心胆寒。”技击中计谋施运化，霹雳走精神，心毒称上策，手脚方胜人。而精神则是统帅，无论力量的运使，速度、技巧、战术的运用，主观能动性的发挥，都与心理因素息息相关。所以，想要提高太极拳的技击能力，就必须不断地加强心理素质训练，培养勇敢顽强、果断机智的意志力和一往无前的精神气质。

太极两仪，天地阴阳，
往来，进退存亡，一开
到，忽见忽藏，健顺参半，
忽发忽张，错综变化，欲抑先扬。必先有事，勿助
勿忘，真积力久，
方，神以知来，智以藏往，

三、机敏灵活，扬长避短——太极拳的六大技击秘诀

1. 以己之长攻敌之短

在掌握技击技术的基础上，应根据自己个人特点（如身材、体力、脑子反应快慢等），练就几种独门功夫。例如，身材矮小者要特别注意练肩肘腿法，攻击敌人下盘，动作快速灵活，发劲松活弹抖，战术上应多用闪电战；身材高大者则着重练劈斩（采、挒）劲的手法，运用时势如力劈泰山、沉若千钧；劲大、臂力足者就要多练劈、截、斩（采、挒、肘）劲，练到不打则已，一打就打得对手没有还手之力；身体灵活者要多练佯攻，用多种方法“欺骗”住对方的注意力，再攻其不备，取得胜利；身体不灵活、脑子反应又不快者，应多练防御反攻，以在敌人攻击时及时防守或封闭敌人，再伺机反击。

掌握了一些过硬的技术之后，搏斗时就能充分发挥自己的优势，进而战胜敌人。在搏斗的时候，要灵活运用各项技战术，出其不意地打击敌人。有时可以用假动作故意暴露空门或弱点，引诱敌人进攻，待敌人上当后一举破敌。

2.声东击西，指上打下，出其不意

为了提高在搏斗中战胜敌人的把握，要善于运用声东击西的方法迷惑敌人，造成并利用敌人的错觉，继而进行出其不意的攻击。这是创造优势、争取主动的重要方法。要运用好“声东击西”法，就要假中有真，使敌人相信“声东”是真的。如果假动作做得不像，就不能造成敌人的错觉，就可能致使战术失败。如，练骗上打下时，就想办法在骗的这一招拳或掌上，把敌人的注意力吸引到上段来，使他的下段失去防护能力，这时就迅速反手打下，制住对手。

为了练好骗打，要想尽办法练骗打定位，练脸部表情，练速度和准确度。如果练骗上打下时，虽然拳往上打去了，可眼睛却死盯着下边不放，对方一看就知道你的打法有变化。其次，咬牙、眨眼、拧眉等这些小动作也最好避免，这等于给了敌人一个信号：你准备好了吗？我要打了。不仅很难打中，搞不好还会让敌人钻了空子，反打一拳。另外，还要学会利用脸部表情迷惑敌人。如，练骗上打下，第一次

看上是为了打下，当敌人上当以后，第二次可用看下打下，敌人以为攻下是假，攻上是真，这样假中有真，真假难辨，才能真正出其不意，攻其不备。

3.抓敌弱点，攻其要害

搏斗中要善于观察判断，迅速掌握敌人的弱点。抓住了敌人的弱点，就能大大助长破敌的勇气，促使自己尽快想出破解敌人招数的最佳办法。相反，若抓不住敌人的弱点，势必在敌人进攻时造成自己心情紧张，削弱自己的战斗力，降低取胜的自信心。而且，找不到敌人的弱点，往往会出现漫无目的、毫无把握的乱攻乱打，不但打不倒敌人，反而容易在交手中暴露自己的弱点，造成自己的失败。

要想尽早发现和抓住敌人的弱点，必须要善于观察（尤其是在刚交手的时候），快速找准其身材、体力、反应等方面的弱点，再用相应的打法去击败他。

4.千方百计做到“人背我顺”

“人背我顺”是陈式太极技击所要求的根本原则，通俗点说，就是使自己顺劲、敌人背劲。顺劲，指的是使重心稳定、动作灵活自如，处于有利形势；背劲则是平衡遭到破坏，肢体被拿住、被制住，动作不能自如，处于不利形势。

大家都知道，人的肢体形状和机能是经过千百万年的长期发展、适应过程才慢慢形成的，有一定的范围和极限。如，人的手足肘膝只能向一定的方向弯曲却不能反向；又如，肌肉的张弛、神经的传导速度等，都有一定的限制，这是无法超越的；再如，两臂伸手向前合拢为顺劲，向背后则是背劲，合不过去。

当各相关部位配合良好，运动所走的路线就是各种不同弧度的曲线连接成的近似螺旋的形状，即缠丝劲。若只是部分肢体走缠丝劲，不动的部位必然会使动的部位受到限制。如，臂肘随腕运动，但身躯不动，就会发现动作的范围、旋转的角度、开合伸展和弯曲度都是有限的。如果全身动作配合良好，达到周身相随、内外结合的地步，就能使自己始终保持顺劲，身体平衡，处于有利形势。

5.活学活用，以少胜多，以多胜少

在与敌人搏斗时，一个人对付两三个，甚至更多的人，是很常见的事，另外，我们多人对付一个敌人或几个敌人也不是不可能的事。为了在这些情况下取胜，需要经常进行一对二、二对一的对打。一个人对付两个人，看起来一个人的力量弱，两个人的力量强，但是只要选对打法，一个人完全可以打败两个人，甚至更多的人。如在搏斗中，假设甲面对乙丙二人，在乙还处于防御姿态，丙还没靠近时，甲先猛力把乙打败，随后，甲再将丙击败。

在以少对多时，要沉着冷静，迅速抢占有利位置，速战速决。同时，要想尽一切办法使对方集中在前后一条线上，使其动作互相影响，不能同时发动进攻。还可利用地形、地物造成自己的优势发动进攻。以多对少时，人人都要积极进攻，不能观望等待。

6. 扬长避短，力争主动，力避被动

散打搏斗时（包括推手）只防不攻，就达不到战胜敌人的目的，就无法消灭敌人、保护自己。比如，在搏斗时对手个子高、脑子灵活、动作很快，一般人很难对付，如自己个子又比他小，技术也不如他，如果这时还采取防御的办法对付他，他的主动权就更大了，他的特长就会得到充分的发挥，而自己必定会失败。所以，一开始就主动地突然向他进攻，上下、左右、前后连续不断，动作打法既快又猛，使他防不胜防，不给他喘息还手的机会，他的特长就发挥不出来。这样他从主动转为被动，而自己则从被动转为主动，战胜他的概率自然大大增加了。

当然在应敌搏斗时，还有许多复杂多变的情况，在这里就不一一赘述。只要按照上述锻炼方法，勤学苦练，坚持不懈，加上不断地钻研、体悟，能善于运用太极拳的拳理拳法，发挥自己的优势，并能运用“因敌变化示神奇”的机动灵活的战略战术，经过一定时期的训练，一定可以掌握太极拳技击法的精髓。

四、练好太极拳技击必须破除的六大误区

目前，太极拳界论述理论和健身较多，但是研究和探讨太极拳核心（技击）作用的却较少，显得有些美中不足。究其原因，可能是受当今人们兴趣爱好的影响，一些太极拳家过分追求健身作用，而忽略技击，即使偶尔论及也仅从拳架的固定招式上探讨，只守规矩而不能破规矩。要学好太极拳的技击，必须破除下面的六个误区。

1. 力的误区

任何拳术在实战中都必须以力作为根本，太极拳也不例外，没有力就无法用于技击，只能作为强身健体的一种功法。因此，完全不用力也能技击的拳术是根本不可能存在的。

太极拳讲究“放松”“柔软”“用意不用力”以及“四两拨千斤”等，并不是完全否认力的存在，而是要求每位初学者换掉天生的笨力，具备太极拳所要求的“松柔弹性内力”，这是个换力过程。学拳之初，必须严格做到无须用力；过了这个阶段，则非要有较大的“本力”才行，只是所用的力不能是僵力、蛮力、犟力，而是通过许多年的松柔不用力练习之后，练就的一种刚中寓柔（也即刚柔相济）之力。

太极拳中“刚”体现的是“力”，虽讲究不以僵力、蛮力、犟力体现，但必须以强大的力量为基础，才可能去论巧力、内力，以柔克刚的“柔”也必须是刚柔相济的柔。所谓的“外家拳”虽体现的是以刚为主，但（得其真传者）也从未离开过柔，也讲究刚柔相济，只不过从开始就将“刚”摆在首位，与太极拳恰好相反，但最终还是争取达到刚不离柔、柔不离刚、刚柔相济的目的。

2. 慢的误区

没有哪一种拳术在实战中能以慢取胜的，陈式太极也不例外。那为什么陈式太极在练习时要追求慢呢？和“力”一样，在初学阶段是为了换劲的需要和追求理法、技法的熟练、规矩（即守规矩阶段），力求达到动作协调、劲力顺畅、内力充足、技法熟练灵活。因此太极拳所要求的慢仅仅体现在学拳的熟悉和提高阶段，当具备了以上条件后，就必须追求速度，由慢转快，每个招式都要越快越好。陈式太极要求的“以静制动”也是一种避敌锋芒的应战技巧，“静”是等待最好的时机，“动”则是快速反击，慢了则错过良机。“静”最终要过渡到快速的“动”。“后发先至”，“彼不动，己不动；彼微动，己先动”都说明了“快”的重

要性。陈长兴所著的《用武要言》是太极拳技击的高层次理论，其中提到“起手如闪电、电闪不及合眸。击敌如迅雷，雷发不及掩耳”，“发手要快，不快则迟误”，从这些话中也可看出，没有速度、不讲究“快”的陈式太极是不可能用于技击的。

3. 拳架及推手的误区

“先求开展、后求紧凑”，这是对练拳过程的概括。拳架开展则大方好看，紧凑则不中看。拳谚云“好看不中用，中用不好看”，道出了开展与紧凑的真正含义。参加套路比赛者，要想得奖牌，拳必须打得舒展大方，因此很多大型的套路比赛往往限制了拳架朝实用性发展，误导练习者舍本求末。

推手是检验拳架的“试金石”，在拳架和技击之间起着承上启下的作用。在掌握了推手八法之后，技法应在推手中充分体现，否则就只能启下而不能承上，这也是许多人在推手比赛中比力气顶牛的根本原因。如果将技法充分体现于推手中，谁还敢去比力气、顶牛呢？这里可明确一点，套路和推手水平较高之人，不一定实战技击水平较高；而实战技击水平较高之人，也可能拳架及推手水平不高。

4. 技法与规矩的误区

任何拳种都有较全面系统、较独特的技法，而每一技法都有一定的“心法”。心法包含技法于其中，技法靠心法的灵活运用才能体现；心法是全面的，技法是片面的。很多时候，心法非真传口授不能知。心法有其内在规律，前人早已归纳总结，纯熟者便可灵活运用，非故弄玄虚，乃实实在在的东西，不知者难明其中之妙。“人不知我，我独知人”并不是某些人解释的只在推手中去黏住对方，去听对方劲路，而是进攻和防守，根据对手所处位置、动作姿势等，运用心法便可大致预知对方将从什么角度、采用什么方式向我发动进攻，胸有成竹地做好攻守的准备，即使打击不到对方，也不会被对方所袭。

拳术技法首先讲究守规矩，然后破规矩。守规矩在书本，破规矩则须离开书本。先守后破，这是拳艺水平提高到一定阶段的必然。太极拳守规矩的是拳架和推手，破规矩的是散手技击。规矩在平时就要守好做到，使用时则全无规矩可循，不再受规矩的约束。破规矩时，技法与拳架、推手在表面上要求不相同，而内在实质是一致的。如内外三合是守规矩时练习拳架的基本要求，但从破规矩角度分析，则内三合的主要作用是“防守”时能加强自身的抗击能力，“进攻”时能最大限度地加大自身整体的爆发力；外三合则是“防守”时能较好地保护自己，“进攻”时能在确保自身安全的情况下，有效地打击对方。《用武要言》曰：“何为打，何为顾，打即顾，顾即打，发手便是”，这概括了内外三合要求中技击的内涵。

5. 散手技击的误区

太极拳难懂、难练，正因为如此，大多数习拳者都把主要精力花费在拳架及推手上，而在有了相当水平后仍停留在原地，不能提高到技击阶段。散手技击是太极拳的实践功夫，拳架推手是理论功夫，理论不在实践中检验是永远达不到实用水平的。前辈太极拳师授拳有“打入场、打出场”之规，师父是徒弟的靶子，徒弟能打赢师父才可以出师，表明弟子已将师之所教全部学到手，要想进一步提高拳艺就必须另投高师，多方求教，反复实践检验所学，找出不足，增补新的“营养”，方能有望成为顶尖高手（杨露禅就是一例）。实践检验的方法，除了散手技击外，没有任何东西可以替代，因此可以说，检验拳艺水平高低的唯一标准就是“散手技击”。现在许多散打爱好者，学不了多久就急于追求散打实践，基本功不扎实就急于求成，不明武术真谛，故有“练拳不练功，到老一场空”之说；而有些陈式太极爱好者则相反，练拳时间过长，散打实践较少，往往喜欢用推手取而代之，偏离正常的发展过程。有的书中还误论陈式太极技击只需练习拳架和推手的听劲、黏劲，使其敏感度极高就行，这样技击时自会应付自如，无需进行交手实践检验，还用拳谚“打拳时无人若有人，交手时有人如无人”来作为自己观点的依据，殊不知是错误地理解了此句的真实原意，用理论观点来代替实践是错误的。任何事情如违背“实践是检验真理的唯一标准”之真理，那么就必须纠正，免误后学。

6. 名家的误区

过去学拳者不易，创拳者更是不易。如今市场经济不同，编套路创拳者如雨后春笋般涌现，五花八门的拳种、功法层出不穷，“神功、神拳”比前辈们创造的拳种要“神”上许多，且简便易学，一学就会。过去几年、十多年才能学好的，现在几个月、一两年就全“学会、学好”，甚至十八般兵器样样都能在几年内“精通”。有的“名家”善于随意篡改前人套路而简化成新的拳路，堂而皇之地成为“宗师始祖”，有的以传“豆腐架子”而出名。他们不知过去的一个拳种要增减一两个式子，都要经过反复比较，反复实践检验论证，方才定型编入拳路中，可谓慎之又慎。现在的人不去研究如何把前辈们的精华继承下来，而是追求又创编了多少套路，又发明了多少功法，这对提高太极拳水平是不会有什么作用的。

第二章 立如平准 活似车轮

——陈式太极核心技击13式的训练方法及其技巧

从技击角度划分，陈式太极拳可分为拳架、推手、散手三类。在这其中，拳架和推手是技击的基础。拳架招招式式都充满了技击含义，它是太极拳全部功夫的基础，也是太极拳功夫的入手点，又是太极拳综合功能的落脚点，它主要锻炼知己功夫；而推手则是一种锻炼知彼功夫的方法，它是锻炼听劲、发劲、化劲等的基本功，也是检验拳架各种劲力的试金石；而散手（徒手搏击），则是检验一个人太极拳功夫高低的最高表现形式。散手功夫的提高必须建立在拳架和推手锻炼的基础之上，要提高散手技能，必须苦练拳架、单式（拆拳）、推手，以及进行内功和力量、速度等方面的训练。拳架、推手、散手是三位一体的太极系列功夫。本书主要面向普通技击爱好者，重点介绍拳架和推手。

一、陈式太极技击基本功的训练步骤

中国古代的各门武术，一般都视器械为手足的延伸，因而其日常练习动作一般也以肢体为主，也就是以拳术为中心。在陈式太极的练习中，徒手锻炼所占比重也是最大的，而且是最主要的。

为了保证效果又能掌握技巧，还要避免身体受到损伤，在陈式太极练习中应该采取以下几个锻炼步骤：

1. 拳式套路的锻炼

这是最重要的基本功。首先是对各个拳式进行练习。各个拳式都是对搏斗实践中有效动作的总结，而各种拳术套路正是由早期单独的拳式发展连贯而成。通过拳式和套路的锻炼，可以初步使自己的动作符合搏斗的要求，手足合于部位，求得劲整灵活、周身一体、用劲正确、重心能保持稳定等。本书介绍的核心技法13式就是一种比较合适的技击练习套路。

2. 推手锻炼

在初步掌握拳架基本动作以后，还不能马上就直接对敌应用，还需要一个锻炼的过渡阶段，这就是推手。通过这个阶段由局部到全部，逐渐掌握搏斗技巧。陈式推手的方法有单推手、双推手、一进一退一大捋、连续进退、进三退三、进五退五以及左右旋转的圆形推手，这是有走向的。还有不定向的推手，其难度更大，要求在不定向中双方紧紧衔接。各种推手的方法，大都有固定的招数、方法、劲别，可以按照劲别招数练习。

3. 单式练习

在已经熟练掌握拳式动作和推手技巧以后，就可以进一步练习散打，这就是去掉任何规则限定进行搏斗练习，也就是接近于实际运用的练习。实际上这是对以前学过的技巧进行全面的、综合的运用，本身没有另外的招数手法，但为了用劲完整，提高效果，还有些辅助性的练习，就是单式练习。这种单式数量很多，主要是从套路中择出最有效的若干发劲动作，练习目的是为了在运用时更准确、迅速、合乎搏斗要求。此外，如拧棒子、抖杆子、打沙袋等等，也都是提高发劲爆发力的有效练习方法，可以适当配合练习。

以上三个步骤的练习是逐步递进、相辅相成的，练习拳式套路要求招式的准确完美和全身动作的协调相随，这是基本功；推手是两人对练以求掌握基本的搏斗技巧，是初步的应敌实践，其难度可以依次衔接，由浅入深、由定向渐至不定向。二者在锻炼过程中是相互配合的。拳式是基础，先练可使基本动作正确，再练推手可加深对招式实际运用的领会，并能检验拳式的正确程度。如果只练拳式不练推手，就缺乏对敌的直接实践，仅仅起健身作用，而不能掌握防身御敌的技巧；如果只练推手不练拳式，虽然能掌握一定的应敌技巧，但无法全部正确地掌握基本动作，容易养成一些不正确的动作习惯，在技巧达到一定水平之后，就很难得到更大进步。而单式练习则可弥补自身在技击上的缺陷，提高实战水平。只有将几个步骤适当地配合，才能收到最大的效果。

二、核心技击13式的练习要领

练习陈式太极核心技法13式，当然是为技击作准备。而要练好技击，必须先求形正。“形正”不是指每一招式的运行路线标准不变，而是指身法要领的正确。身正形顺，则内劲自出。

欲学真太极，先找个好老师，好老师不一定要有名气，但要有功夫而又明理。千万不要跟那些练“太极操”的人学，学偏了以后想纠正都难。如果本地没有好老师，又特别想学，不妨去看一些好的教学视频，学一下里面的基本功。最好两个人一起学，互相纠正。

一般老师教太极，都会先教基本功，比如站桩、基本手法、步法。千万不可忽视这些，一定要好好练，始终谨记练拳练的是身法，而不是看你会多少招式，多练这些基本功是让你掌握正确身法的捷径。

初练套路，不可求多，尽量把一式学标准了再学下一式。主要还是练身法，身法定型了，学别的招式易如反掌。若贪多求全，一个月学一套，回头还得重新纠正。但学拳容易改拳难，错误定型后改起来可就难了。

学练太极拳要先练方后练圆。开始时不要追求圆顺，要把手、脚、肩、胯、肘、膝等位置放对。比如一个圆形手法，先定好四角的位置，再把这四个角的位置放对了，再定好八个角的位置，把这八个角的位置放对了，然后稍一圆顺，动作就到位了。肩、胯、肘、膝也都要如此练，但脚是一下子就要定到位的。如此练习，很快就能上手。若一开始就想圆顺，手脚往往不能准确放到位，练久了就不容易改正了，终难入门。

1. 松练

练习核心技法13式，先要松练，全身放松，一点拙力也不要用，这是去僵求柔。

身法要领，首先是要虚领顶劲，也有说“虚灵顶劲”的，也有说“顶头悬”的，都是一个要领。头要领起，但不可过顶，过顶则脖颈僵硬，要虚虚领起，如同一根细线把头发吊起来，头要有虚领之感，下颌微收，但不可低头，藏喉即可，即所谓的“喉头永不抛”之意。

头上领起劲了，手上也要领起，有的讲中指领劲，有的讲食指领劲，有的讲十根手指都领劲，这都不错，但不是主要问题，要注意的是手指梢也是要虚虚领起，不可过顶。上面领起劲了，下面就要沉下去。气沉丹田是不错，但还不够，要气沉脚底才行，练久了觉得丹田有物，脚底轻灵，所以才说要气沉丹田，但初练时一定要气沉脚底才能最终达到这种效果。说“气沉脚底”也不是很准确，“在气则滞”，应该是意沉，从俗说是“气沉”。在顶劲领起的基础上全身放松了，自然就会感觉到劲沉到脚底了，所以说还是要放松。“松而不懈”说得好，但那只是结果，不是过程，过程就是顶劲领起，气沉脚底。

顶底做好了，就该讲肩胯了，肘、膝、胸、腰顺带着就有了。都讲“沉肩坠肘”，但初练者不能如此，那是紧的练法。初练时要松着练，要松肩垂肘。开始练就是要松，手往高处走，肩也不要耸，肘也不要架，在肩松的基础上，肘尖略带找地之意即可。肩要想松，胸就不能挺了，胸一挺，肩肯定紧，所以胸就要含蓄，先把胸自然挺起，然后两肩微微往前向里一抱，肩也松了，胸也含了。

胯要向里缩、向下落。“向里缩”有时说“向里抽”，“落胯”有时说“切胯”，都是一个意思，胯的要领单讲胯不好讲，要结合腰臀和膝来讲才好讲明。胯向里缩，就是要臀微微后撅上翻，膝盖微向里合，大腿上里下外地微微一拧，这样胯就缩了。胯下落就是要臀向下坐，尾骨微微向下向前翻。有人说了，这不是矛盾了吗？对，就是矛盾，在矛盾中求得平衡，就是身法了。

膝盖微向里合，合到什么位置呢？合到膝盖对准大脚趾和二脚趾。人的脚主要用力集中在大脚趾和二脚趾，而且在这个方向上，脚面的长度也是最长的，所以向这个方向用力是最稳的。如果膝盖对准小脚趾，而小脚趾力弱，脚面的长度又短，相对来说自然就不稳了。

这样做出来的外观就是：臀既小凸又不缩，胯根是虚含的，腰既不后凸也不过分前凹，微微带一点向里凹的自然曲线，一点而已。腰要是完全直了也有问题，违反了人的自然间架，弹性就弱了。这些做对了，裆自然就开圆了。凸臀则前裆合而后裆大开，缩臀则前裆大开而后裆合，都不对。只有腰胯自然中正了，裆才能开圆。

2. 紧练

前面讲的都是“松”的练法。松练到位了，就该紧练了。紧练不是让你全身肌肉绷紧了练，而是在放松基础上的拉伸。顶劲仍是虚虚领起，下颌微收，劲沉到脚底下。因为前一阶段的训练，现在劲差不多真正能沉到脚底了，所以就会感觉到上下拉伸得特别厉害。现在要注意的是不能一说紧、拉伸，头就使劲向上顶。这一使劲顶问题就大了。气充头、虚火上升，对身体极为不利；头过顶则失轻灵，对技击也不利。

含胸和松肘一样，肩肘胯膝和松练时要点又不同。现在要沉肩坠肘。肩要下压、外开。肩的下压外开跟手、肘高于肩，或者手、肘低于肩无关，手、肘在任何位置时，肩都要有下压外开的意思。肘要里裹、下坠。肘的里裹下坠跟手高于肘或者手低于肘无关，手在任何位置，肘都要有里裹下坠的意思。同时要略坐腕舒指。坐腕不一定要腕部弯曲大，腕部弯曲小时也要有坐的意思。这个要领做对了，就会有股沉胀的感觉，直达手指梢，肘尖、肩颈连接处也会有沉胀的感觉，这就是有些人说的气到了，其实就是筋肉的拉伸。不过这种拉伸对锻炼经络确实有好处。

紧练时要坐胯，坐胯就是在缩胯、落胯的基础上，臀再加点下坠的动作，下坠的时候注意胯仍然要保持着缩、落，不能挺出去。膝盖要朝着脚尖的方向微微顶一点，一点就行，不要顶太多了。在出脚时，脚尖要回勾，小腿肚微紧，这是在放松状态下的一种拉伸，不需要用大力。这些做对了，脚尖、小腿肚、胯根都会有沉胀的感觉。

腰臀和松练时基本一样，现在要注意束肋。小腹不像开始松练时松圆了，应微微向里一收，肋骨微微上提，这就要配合全身的伸拔，同时要注意微微提肛，也就是所谓的谷道内提。微微而已，切不可用力过大。这是前一阶段松练时没有要求的。这一阶段，可以说是自然的伸筋拔骨练法，只要一动就是揉筋，根本不需要再做筋骨训练了。

3．合

紧练到什么程度算完成呢？要在能做到“合”以后。“合”简单来说就是“外三合”：手与肩合、肘与膝合、肩与胯合。但这还不够，要全身无一不合。怎样才算合了呢？静态的合不算合，要动起来能合才是真合，动起来一动无有不动、一停无有不停才行。但这“停”也有讲究，全身各部位都要停在该停的位置才对。该停的位置在哪里？简单举个例子吧，比如弓步时，膝盖的投影要在脚跟以前、脚尖以后，从侧面看小腿是垂直的或微前倾的。膝盖超过脚尖是不对的，但是膝盖在脚跟后也不对，这样看似重心不失，其实不稳了，向上的支撑力散了。躯干也不一定是垂直地面的。不要一说立身中正就以为躯干要垂直地面，高架马步、偏马步要躯干垂直地面，中低架的马步、偏马步躯干就要稍微前倾。为什么呢？蹲得低，如果还想保持躯干垂直地面，那么膝盖肯定要前顶超过脚尖，形成跪膝。跪膝不仅在技击时劲不顺遂，就算用于健身也有诸多问题，最大的危害就是容易造成膝关节磨损。有人说，我蹲得低，躯干垂直地面，但不跪膝。这不可能，除非用绳子把人吊起来。弓步时也要具体分析。如果力向左右使，躯干要垂直地面；如果是前推，那么躯干要微微前倾，后腿和脊背基本是斜直线的趋势。理由很简单，腰对，骨节不对则力散。沉肩坠肘也是为了对骨节。手前推时以胳膊伸直略带弯曲为度；两臂左右分开时，两臂与胸合起来是一个圆滑的弧形，像一弯新月。蹲得最低时大腿也不要和地面平行，大小腿之间的夹角不得小于90°，小于90°就容易被压扁，同时运动强度也会降低，对训练也没什么好处。不过也有下蹲至臀部擦地的练法，那是为了强化训练开胯活胯，而且这种“低”是一种动态、一个过程，是一带而过的，只是某一阶段的练法。能合住之后再松练，这时是沉肩还是松肩，是坠肘还是垂肘，都不重要了。自然就能合适，合乎中庸。此时的松就是真正的松了。

经过紧练之后，这时再松就有种沉着厚重的意味了，不至于漂浮软塌。沉着中有轻灵，轻灵中有沉着，才是真正练拳。轻灵之后，就可以进入推手的训练了。

三、核心技击13式的手形与步形

1.手形

虎拳

四指屈指并拢，指尖贴于掌心，然后拇指屈指，贴于食指与中指中节指骨上呈拳形，不宜握得过紧。

瓦拢掌

手指自然伸直，拇指根节与小指根节微内合，食指上张，四指错开，气贯指尖。掌有俯、立、仰和横之分。

俯 手心朝下。

立 坐腕，指尖朝上。

仰 手心朝上。

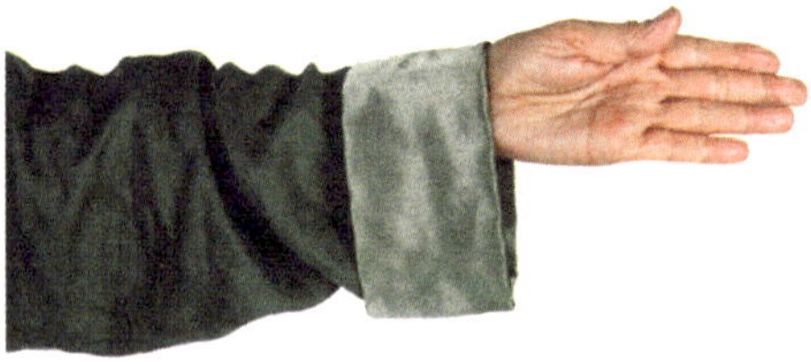

横 指尖朝前，手心朝左或右。

二指掌

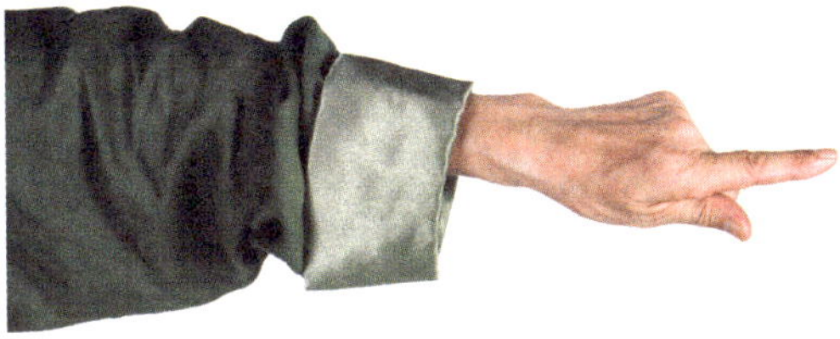

拇指第二关节紧贴食指第一关节，拇指尖翘起，食指伸直，余指握紧。

俯掌

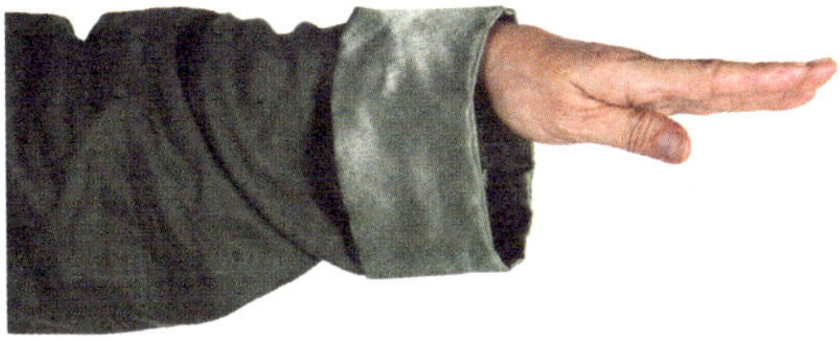

拇指根节和小指根节内扣，食指、中指、无名指向前伸直，掌心微含，向下。

勾手

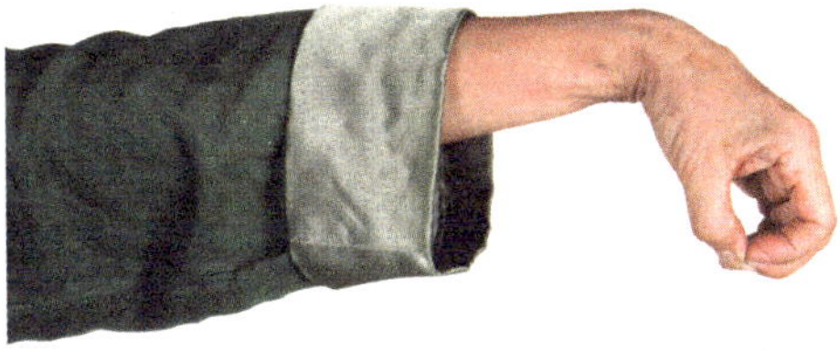

五指指尖自然捏拢，腕微伸。拇指与食指相合，掌心含空呈圆形，其掌心空间比杨式大，五指不可用力。掌心可容一小球，勾顶和腕关节处无绷紧感。

2.步形

偏马步

两脚平行开立，相距约三脚半宽，两腿屈膝下蹲，大腿稍高于水平，沉胯敛臀；上体正直。重心偏右为“右偏马步”，重心偏左为“左偏马步”。目平视正前方。

马步

两脚开立，间距相当于两倍脚宽，两脚尖微外展；两腿屈膝半蹲，两大腿面平行，全脚掌着地，全身重心落在两腿之间，注意不能踮起脚尖。身胸挺直，目平视正前方。

半马步 虚步 弓步

两脚平行开立，一脚脚尖外展，两腿略蹲，上体转向脚尖外展的方向，重心偏于前腿。左脚尖外展为左半马步，右脚尖外展为右半马步。目平视侧前方。

两脚前后开立，右脚外展45°，屈膝半蹲；左脚脚跟离地，脚面绷平，脚尖稍内扣，虚点地面，膝微屈，重心落在后腿上。眼向前平视。左脚在前为左虚步，右脚在前为右虚步。

两腿前后分开一大步，横向之间保持一定宽度，前腿屈膝前弓，前膝与脚尖上下相对，脚尖微内扣；后腿自然伸直，脚跟蹬地，脚尖外展45°，全脚掌着地。

第三章

式式核心技击用意

——陈式太极核心技击13式动作要领及攻防精粹

陈式太极核心技击13式，顾名思义，是一个与技击相关的13式核心招法组成的套路。自陈式太极拳诞生以来，历代都有太极名家精选招式，编成为各种目的服务的套路，而以技击为目的的套路也不少。

本套路所包含的核心招法是由作者参考历代名家套路和论述选取，主要取材于『陈式太极拳第一路83式』和『陈式太极拳56式（国家竞赛标准套路）』，每一招法都是陈式太极最具代表性的技击招法，也是能较好地体现陈式太极技击特点的招法，而这13式招法合起来以后，则正好能完整地体现出陈式太极技击的技法和风貌。

一、陈式太极核心技击13式

太极拳旧有“十三势”之名，虽然此“十三式”非彼“十三势”，但《十三式（势）行功歌》在这里一样适用：

十三总式莫轻视，命意源头在腰隙。变转虚实须留神，气遍身躯不稍滞。
静中触动动犹静，因敌变化示神奇。式式存心揆用意，得来全不费功夫。

说明：凡涉及双人对练内容，均以甲乙方表示，其中甲方为使用核心技法13式一方。

第一式 起势（捣碓势）

①　②　③　④

1 开步站立

左脚缓缓提起，向左开步，两脚距离与肩同宽，脚尖向前，重心落于两腿之间。双目向前平视（图1、2）。

2 两手左前掤

身体重心移于左前脚掌，两臂向左、向前画弧，两腕背侧微凸，掌心向内，手指自然下垂，两手离身体约20厘米。目视左前方（图3、4）。

⑤

⑥

⑦

⑧

⑨

3 两手向后捋

身体重心移于右脚；两臂向右微向后画弧，右手置于右胯侧，左手置于腹前，两手塌腕，掌心向下，指尖朝左前方。目视左手方向（图5～9）。

⑩

⑪

⑫

4 虚步撩掌

身体重心移向左腿，屈膝支撑重心，右腿屈膝向前上步，脚尖点地形成右虚步。右手向右、向后、向下、向前画弧撩出于右膝上方，掌心向前上方，掌指朝前下方；左手向右画弧合于右前臂内侧，手心向内，指尖朝右。目视右手方向（图10）。

5 提膝举拳

右掌变拳，屈肘上举，拳面同颌高，掌心朝内；左手外旋，掌心朝上，掌背下压落于腹前，指尖朝右；右腿屈膝提起同腰高，脚尖自然下垂。目视右拳（图11）。

6 踏脚砸拳

左腿屈蹲，右脚全脚掌踏地，两脚并行，相距同肩宽；右拳落砸于左掌心内，掌心朝上。目视前下方（图12）。

要领

虚步撩掌、提膝举拳、踏脚砸拳这三个动作要快速连贯，上下相随。

起势用于攻防，有三种用法：

1. 甲方攻出去，如果被乙方抓住了双手，因甲方在圆的中心点，可以向前送，那么乙方接下来肯定会将甲方往外推，甲方可以先转一个角度，同时右手先开始翻掌，左手接着翻掌，再推出去。这是第一种用法。

2. 当乙方想抓甲方的手但没有抓住时，甲方可以抓住乙方的手，然后开始旋转身体，如果旋转了整个角度，因乙方力气比甲方大，甲方仍拿乙方没有办法，则可用左脚踩乙方的脚面，乙方必定会因痛而被摔倒。这是第二种用法。

3. 如果乙方打甲方一拳，甲方可用左手格挡，同时用右掌打乙方下部，脚踹乙方的膝盖；如果这一招仍未击中乙方，甲方可向前进，然后用拳击打乙方的面部，再用膝盖顶乙方的裆部，接着用脚踹乙方的脚面。这三个动作一定要快，指上、打下、踹脚同时进行。

第二式 兽头势（护心捶）

①　②　③　④

1 马步站立，左手仰掌置于腹前，右手俯掌置于胸前，双手掌心相对（图1）。

2 两掌变拳，左拳向前向上画弧，右拳向下向后画弧，两拳缠绕相对，护在心前，循环往复（图2~4）。

要领 两臂上下抽提缠绕，最后形成定势，两拳护住心脏。

攻防解说

当乙方向甲方一拳打来的时候，甲方可用一只手格挡，并用另一只手攻击乙方，这就叫护心拳，专门攻击对方的心脏，保护自己。

第三式 旋风脚

①

②

③

1 接上式，两拳变掌，两腕放松，两掌各画一个圆圈（图1、2）。

2 右脚屈膝上提，右脚尖向外，右手在右侧，掌心朝上，掌指朝前，左手在头部左上方，掌心朝外（图3）。

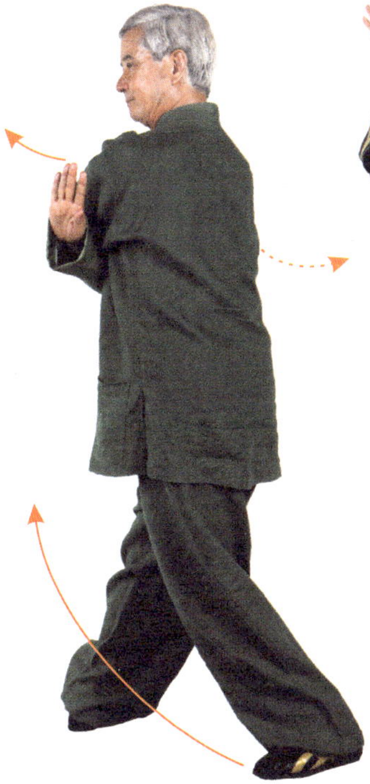

④

⑤

⑥

3 右脚下落，脚尖外摆，右手抄至左臂下，掌心朝外，掌指朝前，左臂朝向右肩（图4）。

4 提左脚上踢，拧腰右转，旋转的过程中，两掌向上掤开，左手置于左脚内侧（图5）。

5 左脚下落右脚旁，再向旁擦出，微屈膝下蹲，两臂展开，接着收右脚形成丁字步，两臂内旋下落收至腹前相合，两掌变拳相叠（图6）。

要领 旋风脚为弧形摆动动作，身体重心左右移动、回转，带动两臂旋转。

攻防解说

当乙方向甲方一拳打来，甲方可用一只手抓住乙方，同时利用自身的旋转，用另一只手掌掴乙方的面部；如果这只手被乙方截住，甲方可用一只脚踢向乙方的胫骨。这个动作主要是利用旋转时候产生的爆发力来击打对方，手掴对方的颈部或面部，脚踢对方的胫骨，都会比平时力度更大。

第四式 蹬一根

接上式，提右脚向右蹬出，脚跟蹬踹，两臂由下而上左右分开撩出，两手、右脚同时到位。当右腿开始收回时，以左脚为轴，身体右转，右拳由上向下向右前方冲出，附于右膝外侧，拳背朝下；左拳向上击出，置于头部左前方。

要领　两手向两侧撩出与右脚蹬踹要同时进行。

攻防解说

当乙方的推手推向甲方，且开始用劲时，甲方可以抓住对方将其带到一个角度，同时另一只手打向乙方肋部，并起一脚踹踢乙方的膝盖。

在陈式太极拳里面有一种内功，叫崩炸劲，它主要是模仿青蛙四肢伸直时的爆发力。可以用陈式太极拳的内功修炼法来帮助理解这个动作的练习。这个动作一定要练得有爆发力。青蛙四肢伸直时的蹬劲很大，所以这个动作叫“蹬一根”。在做这个动作时，要面对对方，当对方一拳打来的时候，身体立即向左或右转90°，让对方只能打一个“擦边球”，这时候，就可以开始踢打对方的胫骨和腿膝部位了。

十三总式
头在腰隙
变转虚实须留神，
不稍滞
静中触动动犹静，
因敌变
奇
式式存心揆用意，
得来全不费工

第五式 海底翻花

1 左腿屈蹲，右腿屈膝，同时右臂内旋，置于胸前，左臂外旋置于左胯侧，目视前方。

2 上体右转；左腿伸起，右腿提膝同髋同腰高，脚尖自然下垂；同时，左拳向右、向下、向左经腹前外旋，向左、向上屈肘举至肩左前上方，拳稍高于头30厘米处，拳心向右；右拳向左、向上在胸前和左臂相会时，经左前臂内侧再向上、向右经面前向下画弧，外旋翻臂下压于右膝外侧约10厘米处，右臂屈肘，拳心向上；目视右拳。

要领

此动作是上下、前后发劲动作，发劲时要保持身体平衡，提膝、举臂、翻背下压要协调一致。

易犯错误：动作1和动作2之间的动作衔接做不好，而使动作不紧凑。

纠正：在动作1中，上肢和下肢要稍微放松，然后两拳动作要快，在左拳上举、右拳下压时提右膝，这样既能使动作紧凑，又能体现出上下肢的合劲来。

本式有三种用法：

1. 当乙方向甲方一拳打来时，甲方可以在微微侧身后，将一只手往上提，另一只手按在乙方的颈部，并用力下压，一只脚快速抬起，使乙方的脸撞在自己的膝盖上，如上图。

2. 当甲乙双方的两只手搭在一起的时候，甲方可用力将对方往自己侧边拉，然后抬膝上顶。这是第二种用法。

3. 当甲乙双方顶在一起的时候，甲方可先用右海底翻花式，再用左海底翻花式，对乙方脸部进行连续击打，很容易将对方打倒。这是第三种用法。

第六式 掩手肱捶

①

②

③

1 右脚前伸，脚尖与水平方向呈45°，身体稍右转；同时，两手握拳，屈左臂，上抬，与鼻同高，右拳保持于肋下稍前（图1）。

2 左臂伸直，左拳变掌，掌心向上，向左侧画弧；同时，右臂向上、向右画弧，右拳变掌，掌心向上。左臂与右臂水平成直线（图2）。

3 提左脚，身体右转，收双臂，左手握拳，护于腹部，右手保持掌形，贴于左前臂上方（图3）。

④

⑤

⑥

4 左脚向前踏出，形成左弓步，左手化拳为掌，挥向左侧，右掌向右推出（图4）。

5 震右脚，同时左脚向旁迈出，两手分别向两侧画弧，右掌变拳置于胸前，左掌变两指掌向前点触，随后两掌掌心朝上向后旋转带到腰前，同时右拳向前发出（图5、6）。

要领

突出蓄劲，像开弓一样，要卷紧才能成为“蓄”；发劲如射箭，蓄紧之后以身带臂发出去。震右脚和发右拳，则要突出太极拳的刚劲。

攻防解说

本式有三种用法：

1. 第一种用法，当甲方被乙方抓住，甲方可以通过晃腰摆脱乙方或使自己处于能够有效击打乙方的位置，然后开始攻击乙方；如果攻击无效，仍被乙方抓着自己的手，此时，不要惊慌，在乙方抓得越来越紧时，可用攻击的手带住乙方，使其失去重心；同时，当乙方一拳打来，甲方可用一只手的两指掌卡住乙方攻击手的肘关节，另一只手用力捅向乙方。如上图所示。

2. 第二种用法，用两指扣住对方的少海穴，也就是俗称“麻筋”的部位，甲方一扣，乙方就会感觉到发麻，此时甲方可迅速发拳打向乙方。

3. 第三种用法，双方一接触，甲方以一只手翻腕迎住乙方，另一只手迅速打向乙方，速度一定要快，因为两手的对称性，会形成极强的爆发力，从而给乙方以极大的打击。

守此中道，守中者专于积气也，积气者专于
眼、耳、鼻、舌、
也，其下手之妙要在
手用揉，其法
揉之时，宜解襟仰
卧，手掌着处
之间，即名曰中。惟此中
乃存气之地
其眼
其意
其中道，后
揉在
名曰守。
于
是），则一身之精、
气、
神俱
久久积

第七式 背折靠

①

②

左拳落到左腰间，拳眼朝上，右拳拳背朝下，移到左前方，形成松肩收腕。开始向右转腰，右拳画一个小圈，轻轻地向右转，拉至右太阳穴，拳眼朝下，拳背朝内，同时左拳（叉腰的拳）也随体向右转（图1～4）。

③

④

要领

背折靠定势时右肘上提，后面以肘（右肘）靠打，前面以肩（左肩）靠打。

攻防解说

背折靠有三种用法：

第一种用法，当乙方一拳向甲方打来，甲方可用一只手拿住乙方手腕，然后身体下沉，此时落到腰间的手，肘正顶在外面，甲方只要一发劲，这只手就像海里的暗礁，乙方肯定会因失重撞到甲方的肘上。如上图所示。

第二种用法，当甲方的手被乙方擒拿住，甲方可用柔劲化解，乙方越用劲，就会越吃亏。当乙方往下撇，甲方如果往上顶，则甲方吃亏，甲方应将乙方往下引，然后旋转角度，趁其重心不稳时，用肘顺势击向乙方。

第三种用法，就是用肩靠，用肘打，也叫“八面出锋”。

第八式 青龙出水

①

②

③

④

⑤

⑥

右拳翻拳下砸，砸在前方，然后收回肋下。左拳向左侧撩出，转腰，右拳向右侧撩出，再收至左胸前。然后左拳变成两指掌，掌心朝下，向右前方撩出。左掌收回左腹前，同时右拳从左臂下发劲向前冲出（图1~6）。

要领

两掌画立圆移动，整式蕴含有一种蓄放劲，最后右拳猛地冲出，同时左掌回抽。

攻防解说

掩手肱捶和青龙出水用的都是两指掌，不过青龙出水是俯掌，就是手心朝下，主要用于撩裆，撩裆以后再抓住对方的下身；然后用右手小臂挤拳弹向对方。如果抓不住对方的下身，则可抓住对方的裤子，用力一拉，再顺势一打，正好打在大腿的内侧，也属敏感部位，对方往往会产生巨大的疼痛感。如上图。

青龙出水属于比较狠毒的招式，在冷兵器时代有其特定的价值，在练习时则要掌握分寸。

第九式 劈架子

①　②　③

两掌内旋，向下伸展，两腿继续微蹲。接着，两腿伸膝，右腿屈膝上提；左脚蹬地跳起，身体向右后方翻转180°，左右臂轮番，右、左脚依次落地，左脚在前，两腿屈膝，重心偏于右腿；随后跳起右转，左手外旋，同右手一起向上、向右、向前、向下做劈掌，左掌置于身体左前方，同胸高，右手落于腹前，双掌掌心均向下。目视左手方向（图1～7）。

④ ⑤ ⑥ ⑦

要领

翻转跳步，两脚落地与两掌抡劈要协调一致；落地时，两腿要屈膝站稳。

易犯错误：跳转后身体不稳。

纠正：跳转后两脚要依次落地；两腿要屈膝，重心偏于后腿；最后要注意两脚的方位，两脚跟间距约10厘米，不应在一条线上；右脚尖应向右前方，左脚尖应向左前方，步形似形意拳的三体式，这样就能站得稳。

①

②

攻防解说

劈架子内含斩手，实际上是两个动作的组合。当甲方的手被乙方抓住，甲方可以将手一翻，并用另一只手斩乙方的手；如果斩不掉，就顺势抓住乙方的手转身，将其手臂置于肩上，掌握主动（图1、2）。

一身之精、气、神俱注于是。久久积之，自成
其庚方一片矣。设如
气随之而不凝，则
曰：
意随
合式
积精气与神，随即走
非内壮矣。揉而不积又
凡揉与守所以积气
既。

第十式 倒卷肱

①

②

③

④

⑤

1 重心由左脚转移到右脚，右拳向右后方变掌，两掌同时掌心上翻，左掌向后推，画弧，退弧形步，同时右手托腮，向前推出，左手随左脚向后退，掌心下翻，向后引带（图1～3）。

2 两掌掌心再向上翻，重心落在左脚，左掌托腮，右脚向后画弧形步，向后退，右掌随右脚后退掌心下翻向后拉，左掌从腮前轻轻击出，两掌同时上翻，重心落在右脚（图4～6）。

⑥

⑦

⑧

⑨

3 右掌托肥，左脚后退一步，左掌后拉至头部左侧，右掌掌心下翻，向前横击而出，两掌掌心同时上翻，重心落在左脚。左掌托肥，右脚向后退一步，右掌后拉至头部右侧，左掌掌心下翻，向前击出，两掌掌心同时上翻，重心落在右脚，此即倒卷肱。如此，双手交替共重复五次动作（图7～9）。

要领 身法大开大合，两臂同时外旋内旋，合的时候左先右后，左低右高。以脚带手，脚退弧步，双手要有抽丝劲。

①

②

本招式在演练的时候，要求步子退得要快，两臂要有抽丝劲，共有两种用法。

第一种，当乙方一拳打来，甲方可用手拿住乙方，并用一条腿卡在乙方的前面，俗称“管脚”，这时甲方只要往下一拉，就可将乙方摔倒，同时另一手可以横击乙方（图1）。

第二种，当乙方从后面抱住甲方的身体，甲方如果没办法挣脱，可用左手往后撩打乙方下身；另一只手抓住乙方臂腕往前拉，撩向乙方的手往后推，并用肘打，然后一个转身，乙方就会摔倒在地（图2）。

第十一式　退步压肘

①

②

③

④

1 身体稍左转，随之重心移向左腿；右手外旋，向下、向左画弧至胸前，腕稍低于肩，指尖朝向右前方，掌心向上。目视左手（图1）。

2 上体右转，重心移向右腿，随之左手展臂内旋于身体左前方，同胸高，指尖向前，掌心向外；右手内旋于胸前，指尖朝向右前方，掌心斜向下（图2）。

⑤

3 上体左转，重心移向左腿并微屈；随之右脚跟提起，脚前掌贴地向左后方画弧收于左脚前方，右腿微屈。同时，左手继续向右画弧平摆，屈腕内旋上提于右胸前，手指自然放松下垂，左臂屈肘横于胸前，肘尖朝向左前方；右手外旋，向左画弧平摆于左肘下约10厘米处，指尖朝向左前方，掌心向上。接着右脚经左脚内侧向右后方擦地退一步，脚跟踏地，右腿屈膝微蹲，重心偏于右腿。同时，左手经右臂上方以横掌迅速向左前方击出，同胸高，指尖朝向右方，掌心向下；右掌在左肘下，以左掌横击的同样速度屈肘收于右腹前，指尖朝向左前方，掌心向上。目视左手（图3～5）。

要领

右脚后退与两掌推拉要协调一致，并要快速发力。

易犯错误：在定势时两掌拉得太开。

纠正：在定势时要求右肘尖不超出身体，左臂微屈，左掌横切，这样两掌间距正好是一前臂长，身体下沉，符合压肘之要求。

攻防解说

陈式太极拳的《拳经》里面有句话叫“退步压肘把人伤”，这个动作一使出来就是要伤人的，所以不想伤人的时候不要使这招。这一招其实属于擒拿术，不过擒拿不是目的，目的是要在擒拿的过程中把对方的骨头打断。使用这一招的时候，不要犹豫，不要退却，要一鼓作气，如果不这样，自己反而有被对方击伤的危险。当然，在练习时和一般场合下出手要有分寸。

当乙方一拳打来，甲方应迅速抓住对方，一只手握住其腕关节，一只手握住其肘关节，然后用自己的肘关节压住乙方的肘关节，以将其肘关节打折。如果不奏效，则用第二招。第二招就是将手肘往下磕。如果再不行，就用最后一招——抓。先用手抓住对方，把对方的胳膊捋直，然后，身体一沉，再用力磕。

这三下的目的都是要把对方的肘关节压折或压断，一定要目的明确，动作果断，稍有犹豫，很可能对方就要反击你。任何一个人在挣扎过程中的力量都会比平时大很多，所以做这个动作的时候，必须毫不犹豫，直到把对方的手臂磕折或磕断。

第十二式 野马分鬃

①

②

③

④

1 向左转腰，右臂向后上方画圈，左臂向后下方画圈，接着向右转腰，形成右虚步，两掌形成前后抡臂（图1、2）。

2 紧接着提右膝，右掌掌心朝上，在右臂旁弹开5厘米，左手掌掌心朝外，左臂在左侧形成半圆。右脚尖向上翘，脚跟落地时轻轻向前（西北方向）擦出，移重心形成右半偏马步，左掌随之轻轻下落（图3、4）。

⑤

⑥

⑦

⑧

⑨

3 左掌不动，右掌轻轻地向前伸出。两掌向后绕臂画弧，重心转移到右脚，同时左脚屈膝上提，左掌置于左臂前，右掌在右侧，右臂形成半圆。左脚尖向前（西南方向）轻轻擦地踏出，如履薄冰，重心勿太快移动。移重心形成左半偏马步，同时伸出左掌，掌心朝下，掌根朝前（图5～7）。

4 两臂同时向后向上刺腮，然后迅速向下按掌于腹前，掌心斜朝下，目视两掌方向（图8、9）。

要领

擦步后形成偏半马步，前手低，后手高，后手拉前手穿靠。

①

②

③

攻防解说

顾名思义，野马分鬃就是我们要像抓一匹野马一样把敌人拽住，不让他移动。

当乙方一拳打来，甲方可将身体微微一侧，用一只手抓住乙方的手，然后左脚卡在乙方右脚的后面，这叫管脚，然后甲方将一只手叉在乙方的脖子上，并用力将乙方的手拉直，拉直以后，腿和手同时用力，可迅速将乙方摔倒在地（图1）。

野马分鬃还有第二招。当甲方的手卡在乙方的喉咙上时，乙方会感觉不舒服，并努力用一只手抓甲方的手，想把甲方的这只手拨开，此时甲方可以以反转拐打出去（图2、3）。陈式野马分鬃与杨式不一样，杨式只有普通动作，而陈式有螺旋劲和缠丝劲，抓住对方手的时候，要将对方拧起来，然后把对方掷出去。

第十三式 云手

①

②

③

④

1 接上式，右脚向右迈一大步，身体随之右转。右手向上、向右捋至右肩侧，稍高于肩，掌心朝右；左手向上、向右捋至右胸前，指尖微翘，掌心朝右。目视右掌方向（图1）。

2 身体微左转，右脚向左脚后插步，形成交叉步，左腿屈膝半蹲，同时，左掌内旋，右掌外旋，向右、向下、向左画弧于身体左前方，左掌于左肩前，右掌于左腹前，掌心均向外。目视左掌（图2）。

3 身体微右转，重心移至右腿并屈膝，随之左脚向左侧迈一步，脚前掌着地；同时，右掌内旋，向上、向右画弧于右胸前，指尖向左上方，掌心向外，随之左掌外旋，向下、向右画弧于右腹前，指尖向前，掌心向外。目视右掌（图3）。

⑤

⑥

⑦

⑧

4 身体微左转，右脚向左脚后插步，形成交叉步，重心移至左腿并屈膝。同时，左掌内旋，经胸前向上、向左画弧于身体左前方，稍高于肩，掌指向右上方，掌心向外；右掌外旋，向右、向下、向左画弧于左腹前，指尖向前，掌心向外。目视左掌（图4）。

5 右脚向右横步，重心移向右腿；同时，身体慢慢右转；随之右手内旋，掌心向下，左手外旋，掌心向上，随身体转移重心，两臂屈肘经胸前向右画弧平摆，左臂微屈，左掌心向下；右臂屈肘，右掌置于左臂外侧，掌心向下；目视前方（图5、6）。

6 收势（图7、8）。

要领

做云手时，两手高不过额，低与腹平，在体前运转缠绕，与下肢要协调一致，并要以腰部的转动来带动上下虚实变换。

攻防解说

太极拳的云手是破解对方使用匕首等武器的一种招法。

当乙方持一把匕首向甲方刺来，甲方要迅速侧身，并用一只手臂将乙方托起。此时乙方的刀尖可能仍然会碰到甲方的手腕，这时候，甲方要摆脱恐惧心理，不去摆动其刀尖，而是冷静地用另一只手臂夹住乙方，然后托住乙方的手臂猛磕，尽力将乙方胳膊磕折。此时，甲方通过移动形成倒插步，转身成为一个圆，自身在圆心，而乙方在圆的边缘，并被迫在边缘旋转，甲方很容易就能将乙方胳膊磕折或将其击倒。

云手还有其他的用法。比如当甲方的两只手被乙方抓住，甲方可以以一个固定圆心迅速转动，当转到某个位置时，则可迅速向乙方出击，将乙方打倒在地。云手利用的其实是物理学的杠杆原理，以双方的手为杠杆，用小力打大力，起到四两拨千斤之效。

二、陈式太极拳的发力练习

发力训练是拳术必需的，不发力何以打人，又何以胜敌？不发力何以称之为拳？只有适合击打与御敌之力才称之为拳之力。发力的训练目的不是为发而发，而是为了使用。

太极拳发力方法有别于其他拳种，太极拳发力训练只在自身，主要是强化自身本能和挖掘自身潜能，通过一定的科学方法，使人之本能和潜能自然发挥。所以说，太极拳发力训练不是把人训练成大力士，而在于发力时整体的协调配合，做到力出自然、顺其自然、自然而然。

1. 力的形式

根据划分方法的不同，力可分为直线力（单向力、双向力）、杠杆力（支撑力、平衡力）、旋转力（离心力、向心力）、辐射力（冲击力、膨胀力）。直线力和杠杆力是简单力，旋转力和辐射力是复合力。力又可分为快力和慢力。每种力都有各自的作用和特点。寸劲是一种力的瞬间冲击；爆炸力或惊炸力是一种力的瞬间膨胀；抖弹力是一种力的旋转回弹产生的震荡。拳打人是力的瞬间冲击和膨胀。两人对抗，所谓“顶牛”是力的慢性释放。发力训练要从简单力到复合力，从简单的复合力到复杂的混合力，把局部的力变成整体的力，把僵拙的力变成灵活的力。拳中所求之力是一种复杂的混合力。太极拳所求的力可喻为汽缸点火瞬间做功产生的爆炸力，膨胀而冲击，回环往复；又可喻为子弹击膛，旋而快，并具有穿透性。

2. 发力训练

人之力无不靠肌肉的松紧、筋腱的伸缩、骨骼的转动而产生。打太极拳本身就是通过松静、柔缓的运动使肌肉放松、筋腱拉长、骨节松开、骨膜增厚，使肌体增加弹性，转动灵活。加之各部位的拧裹、伸拉，使自身支撑在不平衡中达到整体平衡与协调。所以说，太极拳打套路是储能蓄力的方法，但不等于太极拳不练发力或太极拳不用发力。没有不打人的拳，更没有不发力的拳。太极拳发力需要单练，而且必须单练。光靠打套路是不能发出太极拳所求之真力的。如果只追求“行云流水，藕断丝连”，一旦与人交手，拳法软绵绵，毫无震慑力和杀伤力，实难取胜，顶多吓人而已。如再遇高手，“懂劲”亦不好使，四两也拨不了千斤，只会被快而重的巨力打败。所以说，练拳不发力就像一个人缺了半个身子，心有余而力不足，心里明白身子却不听使唤。打套路只是固本、养精蓄锐，要想再“劲贯四梢”，仍需得发力之法。

发力方法由简到繁、由浅入深，再由低级到高级。具体来说就是由局部到整体，由定步变活步。终极目的是在运动中瞬间发出浑厚、震颤、抖弹相混、相融又难分难辨的高质量的力，瞬发瞬收，收发只在一瞬间。打人人不知，打人人不觉。

松紧训练是发力方法的总纲，亦是不二法门。但它非太极拳独有，亦适宜其他各拳种发力训练。“松中求，紧中得”是谓“真言”。

发力层次有三：第一层乃精神意识的训练；第二层是形体训练；第三层仍是精神意识的训练，由有意识转为无意识，是为高层。

精神意识的训练前提是松静。走、卧、坐、站无可不练，无不可练。拳论“其意在心”，其力仍在心，心紧形亦紧，紧则有力。通过有意识地指使精神瞬间一紧一松，就像人受了惊吓，突然浑身一颤，全身即紧，紧在一瞬，松贯终始，反复练习，至松紧随意，形成条件反射，无意松紧，亦松亦紧，无松无紧，而无不松紧，便入高层。

形体训练分局部训练和整体训练。整体训练是在局部训练的基础上进行的综合训练。整体发力的关键在于腰胯发力训练，腰胯能发力便能轻松步入整体发力，整体发力只是腰胯运身发力的一种协调训练。局部发力分为上肢、下肢、腰胯三个部分。上肢训练分手臂的抖弹、扭转、裹翻、外撑、回切，使手臂在转动自如的前提下训练瞬紧瞬松，慢紧慢松，慢紧瞬松瞬紧。慢紧是控人，瞬紧是打人，松是知人，是蓄能，亦是发力的基础。手臂松紧的训练原则，也是腰腿训练的原则，更是整体发力的训练原则。下肢训练主要是脚的踢弹、勾踹，腿的屈伸、绷弹。腿之进退和穿扫全在胯催、胯缩与腰配合，瞬紧则快，慢紧则沉。腰胯发力主要训练转腰、拧胯的瞬间反弹。犹如旋转强劲的弹簧，撒手便回弹，拧一分力弹三分力，拧得越慢蓄力越足，撒得越快回弹力越大。腰胯训练务必使腰胯分开，切勿转腰胯，转腰要定住膝、管住胯，腰转胯不动。胯要前后挫，稳住腰，缩胯腰不动，由慢入快，由快复慢，再由慢到快，悉心体验松紧。整体发力的先决条件是“五弓”具备，是对“以腰运身”的再次体悟。在腰胯发力训练的基础上，配合手臂的运转，画圈、绕“8”字、下滚、外翻、屈伸、开合，腿的屈伸、绷弹。训练中掌握运转松、落点紧、紧便力出、瞬紧瞬松，有收有蓄，自不费力。

综合发力训练不仅要求所发之力是整体的，而且要求所发之力是复合的，在主攻目标过程中前进的力的方向是多元的。这种力才是不易被破坏和抗衡的力，亦可称之为高质量的力，不仅浑厚，而且灵动。抖翎训练，有定步定势抖翎、定步开合抖翎、活步抖翎。抖翎发力全在腰拧、胯挫瞬间回弹。定步定势是手臂撑开，瞬紧瞬松。开合抖翎，前后、上下、左右皆有开合，其犹如两手拉皮筋，突然撒手，松紧只在一瞬，充分体验运转松、落点紧，手臂任意开合、腰胯随意拧转、胯自挫合。先松后紧、慢紧快松，瞬间又紧、紧后即松，是谓松紧一瞬。此时的松已不是原来的松，紧亦不是原来的紧。松中寓紧，紧中寓松，非松非紧，亦松亦紧。所以有人称之为“调零点”，而绝不是半松半紧。拧腰挫胯已不是平面的运动。以腰为起点，将头顶、足蹬、拧拔缠裹融为一体，回弹时，拧拔之力又向上下、左右回弹，所以瞬间产生弹颤之力，由腰部顺骨节向身体各部辐射传递，达于表是为抖翎，犹如鸡之抖羽、动物之抖毛。做到抖翎发力自然之后，你才能真正理解前人所述的“节节贯穿，达于背，行于四梢”，一切均在自然之中，而不是有意而为。“劲贯四梢、劲运四梢”，不言而明。

定步发力成熟后，便可训练活步发力。活步发力步随身换，不可拘泥。发力训练与打拳交替进行，亦可在掌握动作要领的初始阶段进行。活步发力能收发自如，通过发力训练即成。

发力训练完了并不是发力的结束，只是掌握了发力的基本方法。“功夫无息法自修”，拳无止境。要向高层次的精神发力追求，达到形神合一，出神入化，使自身心态更平静。所谓意念要似有若无，由松紧训练转入紧松训练。一触即发，不发而发，即前人所说的“太极全身都是圆，全身都是拳”“太极全身都是圆，全身都是手，挨着何处何处击”。无为而为，是谓“无为而无不为”，如拳中所说“形无形，意无形，无意之中是真意”。

以上所述实乃笔者真实体悟。过去有发力伤身之说，实为偏颇。方法不当，憋气、努气，逆自然而行，强行运气定当伤身；方法科学，自然而行不仅于身有益，更能健体。新陈代谢由此而旺，只会使身体更加强壮。俗话说“攒天攒地，攒不下力气”，劲是使出来的，力是练出来的，力越发越活，力越练越足。君可辨之、思之而行。

三、陈式太极拳内功桩法

滚球桩

① ② ③ ④

1 两脚大开站立，脚尖外展。食指放松，左臂屈肘向上向后拉；右臂置于体前（裆部前方）。两掌心均斜向下，左肩高于右肩，上体微左转。目视前方（图1）。

2 左臂屈肘向右画弧，同时右臂屈肘向上抬，两臂在右胸前相合，指尖相触。上体微右转（图2）。

3 右臂继续上抬，肘部上提，微后拉；同时左臂外旋，下压至腹前，掌心朝上（图3）。

⑤

⑥

⑦

⑧

4 接着左臂内旋上抬，肘部上提，微后拉；同时右臂外旋，下压至腹前，掌心朝上。身体微左转（图4、5）。

5 左臂外旋，下压，掌心朝上；右臂内旋上抬，肘部上提，掌心朝下。上体微右转（图6、7）。

6 左臂微上提，右臂微下压，两臂在体前相合，掌心相对。上体微左转，面对正前方（图8）。

要领

上体在左转、右转过程中，要保持正直。两掌相对，一手上一手下，犹如拉绳般。

动意

身法的“抽提”和“回转”应融为一体，以外引内，以丹田为源，再由内及外地缠绕，使周身产生或明或暗的立体圆运动，调动丹田内转，内气腾然、潜转，是陈式太极拳缠绕运动及蓄发劲的源头。这对内脏按摩和调动两肾功能可起促进作用；对疏通及增强消化、呼吸、血液循环机能有良好的功效。

开合桩

①

②

③

④

⑤

1 两脚左右开立，身体重心位于两脚之间。左掌托右拳，目视前方（图1）。

2 上体左转，左掌托右拳向左、向上画弧至左前方。目随视右拳（图2）。

3 重心移向右腿，上体右转；掌托拳向右画弧至右前方。目视前方（图3）。

4 两臂内旋，右拳变掌，左臂向右，右臂向左，两臂胸前交叠，左臂在下、右臂在上，掌心均朝下。同时身体微左转（图4、5）。

5 两臂上下分开，紧接着两臂内旋，向左、右画弧撑开，左掌心朝后，右掌心斜朝右。上体微右转，目视右掌（图6、7）。

⑥　　⑦　　⑧　　⑨

6 右臂外旋，向下、向左画弧至左腹前，掌心朝左下方；左臂外旋，屈肘向上，掌心朝右前方。上体微左转，目视左前方（图8）。

7 上体微右转，面向正前方，同时左脚靠右脚。右臂向右画弧，收于身体右侧；左臂伸直，向下收回至身体左侧（图9）。

要领

①此动作的做法是左右回转的身法。两臂先内旋，再外旋（即先双逆缠，再双顺缠），两手在体前左右缠绕做开合运动，在空中画太极圆图。

②身体右转时，重心移向右腿；身体左转时，重心移向左腿。左右不断变换虚实。

动意

古人以丹田为气海，练此功时内劲发于丹田（腹部），要用意将丹田劲上升分达两肩，缠绕运转至臂、肘、腕、掌，透达于两手尖；丹田劲向下运行，经胯分达两腿，缠绕运转于胯、膝、足，透达两足尖。两手臂缠绕开时，内劲上下行达四梢；两手相合时，内劲归于丹田。

捣碓桩

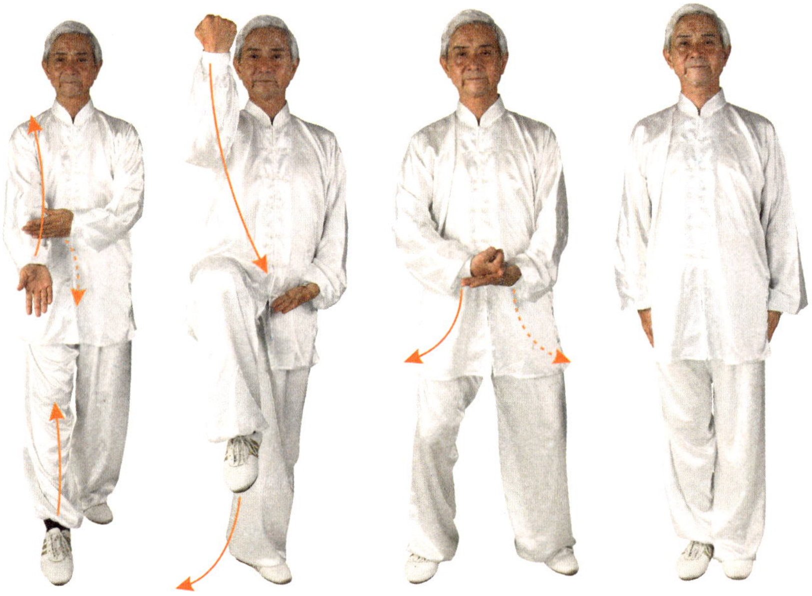

① ② ③ ④

1 重心移至左腿，右腿向前上步，脚尖点地形成右虚步。同时，右掌向后向下向前画弧撩出至右膝上方，掌心向前上方；左掌向右画弧合于右前臂内侧，掌心向下，指尖朝右。目视前方（图1）。

2 身体重心全部移至左腿，右腿屈膝提起，膝同腹高，脚尖上翘。同时，左臂微屈，左手屈腕外旋，手心翻向上，置于腹前；右臂屈肘，右手握拳外旋举至胸前约10厘米处，拳与头齐高，拳心向内。上体正直，目视前方（图2）。

3 右脚向旁下落，轻轻踏地，右腿屈蹲，两脚距离同肩宽，重心移至两脚之间。同时，右拳砸落于左掌心，拳心向上、稍斜向里。目视前下方（图3）。

4 右脚收回，靠住左脚。拳掌分开，两臂外旋，自然垂于体侧（图4）。

要领

虚领顶劲，含胸拔背，两腿屈蹲，敛臀坐胯，膝脚相对，身体中正，不偏不倚，心静体松，呼吸自然。初练时，一次可静站3～5分钟，久练应逐渐增加时间。

动意

此动作掌托拳环抱于体前，如同怀抱日月，引气下沉，意注丹田，使头部、躯干的气血下行，有微微沐浴之感。周身放松，对身体表里、上下平衡起重要的调节作用，对疏通人体气血有促进功效。

熊形桩

① ② ③ ④

1 两脚大开站立，上体右转，微右倾，身对右侧。右臂贴身体右侧，掌背贴右大腿外侧；左臂置于右膝外侧，掌心朝内。目视右前下方（图1）。

2 上体左转，同时左掌贴摩身体，左臂向上向左屈肘上提。目视前下方（图2）。

3 上体继续左转，左掌向下摩运至左腰侧，同时右臂向左侧画弧，掌心向右。目视左前方（图3）。

4 左臂贴摩身体向左前方伸直，与右臂相合，掌背斜相对。目视两掌（图4）。

⑤

⑥

⑦

⑧

5 上体右转至身对正前方。左臂回收，掌心贴于左大腿外侧；右臂贴摩身体向右向上屈肘上提。目视左前下方（图5）。

6 上体右转。同时右臂伸直，右掌向下向后贴摩后背；左臂向左侧画弧至右膝外侧。目视右前下方（图6）。

7 上体微右转。右掌摩运至右大腿外侧；左掌贴摩身体，左臂屈肘上抬至右胸前（图7）。

8 上体左转。左掌向左摩运，右臂向左侧画弧。目视左前下方。紧接着上体继续左转，松肩塌背，左掌向下贴摩后背。目视左下方（图8、9）。

⑨

⑩

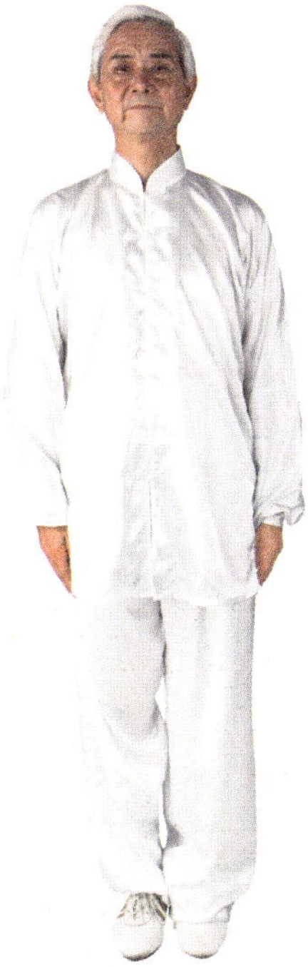

⑪

9 上体右转至身对正前方。右掌贴摩身体，右臂屈肘上提；左掌向前摩运，置于身体左侧。目视左前下方（图10）。

10 右掌贴摩身体右侧，右臂伸直。接着左脚靠住右脚，身体自然站立，两臂贴近身体，掌心贴于两大腿根部外侧（图11）。

气沉丹田法

1 两脚左右开立，略宽于肩，双膝微屈。两臂抬至腹前，两掌心均朝下（图1）。

2 吸气，两臂上举，抬至额前时两臂内旋举至头顶上方，掌心朝上（图2）。

3 呼气，两臂外旋下落，落至腹前后再吸气上举。一上一下重复10次（图3）。

要领

吸气时提肛收腹，呼气时松肛鼓腹。吸气和呼气之间闭气停顿1秒。

平圆推磨法

①

②

③

④

⑤

1 两脚大开站立，屈膝形成马步。两臂向前，两肘微屈，置于体前，掌心朝下。目视前方（图1）。

2 向左转腰，重心微左移形成左半马步。随腰转两臂向左画平弧。目视左前方（图2）。

3 向右转腰，重心右移形成右偏马步。同时，两臂由左向右画平弧于体前。目视前方（图3）。

4 腰部继续右转，同时两臂继续向右画平弧于身体右侧。头部右转，目视右侧（图4）。

5 向左转腰，重心落在两腿之间。同时两臂向左画弧，收于两腰侧。目视前方（图5）。

要领 开胯圆裆，左转36次，右转36次。

二龙戏珠桩

①

②

③

④

1 两腿大开站立，微屈膝下蹲成半马步，上体微右转。右掌收于右腰间，左掌置于右前方，两掌心均朝上。目视前方（图1）。

2 上体微左转，重心微左移。随之左掌向左向后收于左腰间。目视前方（图2）。

3 左臂内旋，向左后方画弧。头部左转，目视前方（图3）。

4 向右转腰，重心微右移，上体微后仰。同时左臂向右向前向左向上画弧，掌心斜朝上（图4、5）。

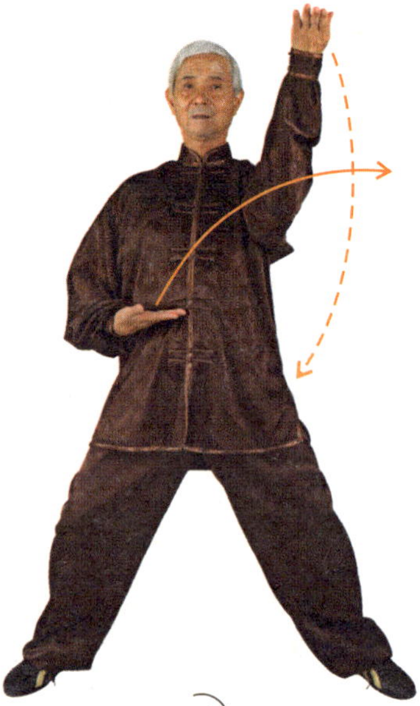

⑤

⑥

⑦

⑧

5 上体恢复直立，向左转腰，身体重心慢慢左移。左臂向下收于左腰间，右臂向前向左画弧至左前方，掌心朝上。目视前方（图6）。

6 上体微右转，随之右臂向上向右向后画弧于身后（图7）。

7 上体微左倾，同时右臂向右向上画弧于身体右侧，掌心朝上（图8）。

8 向左转腰，再向右转腰，上体微后仰。随之右臂外旋，由左向上向右画弧于身体右侧，屈肘，掌心朝上。上体恢复直立。目随视右掌（图9、10）。

9 右臂向下向后画弧收于右腰间，掌心朝上。目视前方（图11）。

要领

两肩放松，用腰转带动两臂画弧绕圈。

跋

陈式太极拳是中华民族的瑰宝，是华夏大地的精华。此书的出版，是对陈式太极拳技术理论体系系统完整的研究整理，对陈式太极拳的弘扬和发展必将产生巨大作用；本书对广大太极拳爱好者、研究者也具有重要的参考价值。

作者程克锦是陈式太极拳的代表人物之一，中国武术七段、香港陈式太极拳科学研究会会长。他早在高等院校任教期间，就积极推进太极拳与体育、科学、文化、医学的结合，并在大学进行演讲和教学。退休后，他在香港创立了“香港陈式太极拳科学研究会”，同时开始在一定程度上“革新”太极拳，并在国内外刊物上发表研究文章，在武术界引起了巨大反响。他在香港等地广泛普及传授陈式太极拳功法，不仅培养出了众多世界冠军，也为人类社会的和谐与人体自身健康的发展做出了贡献。

此书的出版，对探索研究传统陈式太极拳的精髓，弘扬光大太极拳的实用技击功能，具有重要意义。

张志军
（山东省武术协会副主席）

作者与山东省武术协会副主席张志军合影
于香港首届国际武术赛

鸣谢

本书的完成要特别感谢程克文、张志军、温端嫦，香港梁国辉、张琼宵、陈永佳、梁靄瑜、尹旬玲、唐海智、黄信礼、陈华平，以及澳门樊锦虹总教练等人士的帮助和支持。

图书在版编目（C I P）数据

陈式太极核心技击13式 / 程克锦编著. -- 太原 :
山西科学技术出版社，2017.9

ISBN 978-7-5377-5620-4

Ⅰ.①陈… Ⅱ. ①程… Ⅲ. ①陈式太极拳 Ⅳ.
①G852.11

中国版本图书馆CIP数据核字(2017)第198733号

陈式太极核心技击13式

出 版 人：赵建伟
编 著：程克锦
责任编辑：徐俊杰
责任发行：阎文凯
版式设计：中映良品
封面设计：中映良品

出版发行：山西出版传媒集团·山西科学技术出版社
地址：太原市建设南路21号 邮编：030012
编辑部电话：0351—4922107
发行电话：0351—4922121
经 销：各地新华书店
印 刷：山西新华印业有限公司
网 址：www.sxkxjscbs.com
微 信：sxkjcbs

开 本：170mm×230mm 1/16 印张：6
字 数：100千字
版 次：2017年9月第1版 2017年9月第1次印刷

书 号：ISBN 978-7-5377-5620-4
定 价：28.00元

本社常年法律顾问：王葆柯